EDOUARD. Rôle d'ABEL, dans l'Auberge dans les Nues.

Théâtre du Vaudeville. N.º 9.

Je l'aimais si fort,
Que même étant mort,
Je chantais encor
Je t'aime.

A Paris chez M.me Masson, rue de l'Echelle, N.º 10.

# L'AUBERGE
## DANS LES NUES,

*OU*

LE CHEMIN DE LA GLOIRE,

PETITE REVUE DE QUELQUES GRANDES PIÈCES,

EN UN ACTE ET EN VAUDEVILLES,

PAR MM. DIEULAFOI, GERSIN et H. SIMON,

*Représentée pour la première fois, à Paris, sur le Théâtre du Vaudeville, le 7 Mai 1810.*

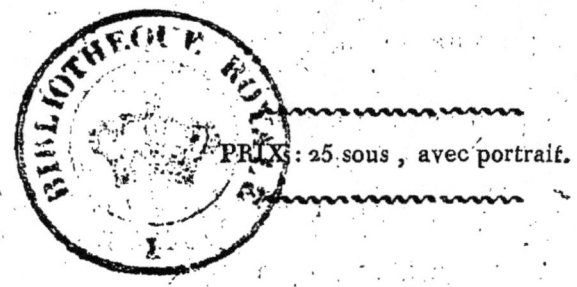

PRIX : 25 sous, avec portrait.

A PARIS,

Chez Mad. MASSON, Libraire, Éditeur de pièces de théâtre et de musique, rue de l'Échelle St.-Honoré, N.° 10.

———

1810.

# PERSONNAGES.

Le Génie ALTE-LA, maître de l'auberge ; M. *Seveste.*

Le Génie GRIFOLIN, Commissaire-rapporteur de la Renommée ; M. *Guenée.*

ADAM, personnage lyrique (*il est vêtu en partition, c'est-à-dire d'un juste-au-corps de parchemin vert, noué pardevant avec des rubans roses ; il porte sur le dos cette inscription en lettres d'or :* Opéra d'Adam.) M. *Hyppolite.*

ABEL, personnage lyrique (*il est vêtu de même que son père, à la différence seulement que son juste-au-corps est en vélin blanc, et que l'inscription porte :* Opéra d'Abel ; M. *Edouard.*

BRUNEHAUT, personage tragique ; M.<sup>lle</sup> *Bodin.*

CENDRILLON, personnage d'Opéra-Comique ; M<sup>lle</sup> *Minette.*

Quatre Enfans, représentant l'assemblée de famille, Comédie Française ; M<sup>lle</sup> *Virginie.*

GÉRARD de Nevers, personnage pant. M. *Carle.*

Un Courier aërien, M. *Étienne.*

Le Chancelier de la reine Brunehaut, }
Deux Musiciens de la suite d'Adam, } person. muets.

*La Scène se passe dans les nues, au bas du temple de la Renommée. Au haut de la montagne, qu'on voit dans le fond, on apperçoit une petite porte du temple. Sur un des côtés du théâtre est l'auberge aërienne du Génie Alte-là, les nuages font qu'on n'en distingue qu'une petite fenêtre et la porte d'entrée.*

# L'AUBERGE DANS LES NUES,

## COMÉDIE.

### SCÈNE PREMIÈRE.

ADAM, *entouré de deux musiciens, dont l'un racle de de la basse, et l'autre soufle dans un serpent.*

#### ADAM.

Ah ! mon dieu l'ennuyeuse chose que la gloire ! pauvre Adam ! ce n'était guère la peine de vouloir monter aux nues il y a un an, pour me voir arrêté à moitié chemin, par je ne sais quelle aventure, pour être logé dans une auberge aérienne, avec un tas de gens qui ne peuvent pas monter plus haut que moi; en un mot, pour ne pas m'amuser d'avantage que je ne le faisais là bas.

Air : *Rendez-moi mon écuelle de bois.*

Peste soit de l'immortalité,
  Et de ma sotte envie.
Comme là bas, ici, sans gaîté,
  Sans esprit, je m'ennuie :
Rien qu'en parlant je m'assoupis,
  Jugez combien ma peine est grande :
Et lorsque je chante, c'est bien pis,
  Il faut que je m'entende.

(*Les musiciens exécutent quelques frons, frons.*)

Pour dieu, messieurs, ne vous serait-il pas possible de m'épargner ces éternelles pétarades ?

(*Les musiciens lui répondent par deux autres coups de leurs instrumens.*)

Mais songez donc que pendant le peu de jours que nous avons vécu ensemble sur la terre, nous avons assez fatigué le monde de ces mauvais frons, frons.

(*Les musiciens continuent.*)

Ah ! c'est un parti pris, ils n'en démordront pas : voilà bien la peine la plus rude de mon péché. Ce maudit serpent me poursuit partout.

Air : *Vaudeville de Catinat.*

Ce traitre animal, qui, jadis,
Au diable vendit ma pauvre âme,
Je l'ai retrouvé dans mon fils,
Je l'ai retrouvé dans ma femme ;
Dans maint ami faux et rampant ;
Dans les arrêts de la critique ;
Il ne manquait plus au serpent
Que de me damner en musique.

(*Les musiciens continuent.*)

Oh ! pour le coup je quitte la partie. Holà ! monsieur l'aubergiste, monsieur Alte-là ?

## SCENE II.
ADAM, ALTE-LA, *à la fenêtre.*

ALTE-LA.

Eh bien ! qu'est-ce ?

ADAM.

C'est moi, qui m'ennuie avec ces deux acolytes.

ALTE-LA.

Tant pis pour vous. (*Il se retire.*)

ADAM.

Mais ne pourriez-vous venir me parler un instant ?

ALTE-LA, *revenant.*

Impossible ! je suis occupé à panser la reine Brunehaut. [*Il se retire.*]

ADAM.

Il est vrai qu'elle est un peu malade.... Mais, moi, mon affaire est urgente.

ALTE-LA, *de même.*

Patience, il faut que je donne un restaurant à l'assemblée de famille. [*Il se retire.*]

ADAM.

Mais, monsieur l'aubergiste, je vais périr d'ennui.

ALTE-LA, *revenant.*

Vous n'êtes pas le seul ; mais, un moment, je finis d'étriller Gérard de Nevers. (*Il se retire.*)

ADAM.

Mon dieu ! je n'ai qu'un mot à vous dire.

ALTE-LA, *revenant.*

Laissez-moi donc chausser la petite Cendrillon.

ADAM.

Oh ! quel homme ! toujours des préférences pour les derniers venus. Eh bien ! est-ce fait ?

## COMÉDIE.

#### ALTE-LA, *descendu*.

Je suis à vous. [*à la Cantonade.*] Garçons, mettez *Grotius* au lit, bassinez les *Indiens*, et donnez une jambe de bois *à la main de fer....* Pardon, bon homme, si je vous ai fait attendre, mais vous voyez la besogne que j'ai.

#### Air : *Vaud. de oui et non.*

Depuis long-tems, je ne vois plus
Arriver dans ces hauts parages,
Que des gens meurtris et perclus,
Que de froids et pâles visages.
Tous ces messieurs sont si blaffards,
Et ces têtes si peu solides :
Qu'on prendrait le temple des arts
Pour un hôtel des Invalides.

#### ADAM.

Et moi, qui suis le premier des malades, vous m'abandonnez.

#### ALTE-LA.

Est-ce que je puis être partout ? la foule des aspirans à la renommée augmente tous les jours : ma maison est encombrée, et pour peu que l'audience de la déesse soit encore retardée, ma foi, tout génie que je suis, je ne sais pas comment je m'en tirerai.

#### ADAM, *étonné.*

Ah ! monsieur est un génie ?

#### ALTE-LA.

Tiens, il y a un an que nous habitons ensemble, et vous ne vous en êtes pas encore apperçu ?

#### ADAM.

Dam ! je m'y connais si peu.

#### ALTE-LA.

Oui, papa, je suis un génie retiré du monde, où je ne faisais rien. Dans mes courses, j'ai trouvé beaucoup de gens qui venaient se casser le nez à cette porte d'airain que vous voyez là haut. J'ai pensé que je pouvais leur être utile, à moi aussi, et j'ai bâti ce pied-en-l'air, où je n'ai pas un moment de repos.

#### ADAM.

C'est un peu votre faute ; vous recevez, ici, tous ceux qui se présentent. Qu'aviez-vous ; affaire de cette petite morveuse, qui, depuis quelques jours, nous fait tous enrager ?

#### ALTE-LA.

Qui ? Cendrillon. N'en dites pas de mal ; c'est elle qui est montée le plus vite.

ADAM.

Oui : mais elle veut, ici, faire la loi à tout le monde, passer avant nous.

ALTE-LA.

Ma foi, elle est assez gentille pour cela.

ADAM.

Oh ! nous l'en empêcherons bien.

ALTE-LA.

Laissez donc, la fine mouche en sait plus que vous tous : vous ne la connaissez donc pas ?

Air : *Je ne suis plus de ces Vainqueurs.*

D'abord chez d'assez bonnes gens
Elle se mit à la journée ;
Là, pour ses graces, ses talens,
Bientôt elle se vit prônée.
Puis, sous les traits de Cendrillon,
Voulez-vous savoir son adresse ?
La servante de la maison
En est aujourd'hui la maîtresse.

ADAM.

Bon, bon ! cela ne durera pas.

ALTE-LA.

Mais, qu'aviez-vous à me dire de si pressé ?

ADAM.

Je voulais vous prier de me débarrasser de ces deux musiciens qui m'excèdent.

ALTE-LA.

Impossible, mon ami : ce sont deux gardes du corps que le destin vous a donnés.

ADAM.

Des gardes du corps ! pour quoi faire ?

ALTE-LA.

Que sais-je, moi ? on dit que vous avez interverti les loix de la cronologie, que vous vous êtes avisé de vouloir mourir avant votre fils, c'est ce qui vous a fait consigner dans mon auberge jusqu'à son arrivée.

ADAM.

Allons, me voilà accroché dans les nuages, après avoir été 5809 ans sur le pavé.

ALTE-LA.

C'est dur, j'en conviens ; mais aussi quelle bêtise à vous de vous être laissé pousser à la gloire avant votre fils ! votre complaisance pour les autres, vous a toujours été funeste.

## COMEDIE.

**ADAM.**

Il est trop vrai.

» Du malheur! auguste victime!

(*Les musiciens jouent un fron fron.*)

**ADAM.**

Oh! c'est trop fort; vous voyez, monsieur, qu'ils n'ont pas même des égards pour vous.

**ALTE-LA.**

Attendez, attendez. (*aux musiciens.*) Mes amis, vous êtes musiciens?

(*Les musiciens redoublent leurs frons frons.*)

**ALTE-LA.**

Eh bien! voici la clef de la cave, je réponds de monsieur en attendant.

(*Les musiciens sortent en faisant des pétarades.*)

---

## SCÈNE III.

### ALTE-LA, ADAM.

**ADAM.**

Ah! que le ciel soit béni! et dites-moi, monsieur Alte-là, pensez-vous que mon fils Abel arrive bientôt dans ce pays?

**ALTE-LA.**

C'est selon, où l'avez-vous laissé?

**ADAM.**

A vous dire le vrai, je n'en sais trop rien : lorsque le destin m'eut chassé du paradis terrestre, je quittai la Normandie, et....

**ALTE-LA.**

Bah! quel conte! le paradis terestre en Normandie! plaisantez-vous?

**ADAM.**

Hé! mon dieu, non!

Air : *De la Parole.*

Jadis ce qui me fit broncher
Se trouve au sein de ma patrie;
On me défendit de toucher
A certain fruit de Normandie.
Je promis assez follement,
Sans soupçonner mes infortunes;
Bientôt parjure à mon serment,
Je goûtai ce fruit trop charmant.
On n'est pas Normand,
On n'est pas Normand,
Pour des prunes.

ALTE-LA.

C'est drôle ! moi qui vous avais cru arabe jusqu'à ce jour : cela change furieusement mes idées.

Air : *L'un est le fils du sentiment.*

Ainsi dans cette Normandie
Regnaient jadis la probité,
La bonne-foi, la modestie,
Et sur-tout la véracité !

ADAM.

Mon dieu, oui.

Mais lorsque j'eus damné les hommes
Ma famille s'émancipa :
De ce pays tout décampa,
Il n'y resta plus que les pommes.

ALTE-LA.

Et Abel que devint-il ?

ADAM.

Il alla se mettre en pension en Angleterre, chez un nommé *Milton*, delà il passa en Suisse, chez un nommé *Gessner*, puis il vint à Paris chez un membre de l'institut, et je crois que delà il est allé tomber au *conservatoire*.

ALTE-LA.

Oh ! bien ; il joue de son reste et bientôt il sera ici. (*bruit dans la maison.*) Mais, qu'entends-je ?

(*plusieurs voix en dedans.*)

L'insolente ! l'effrontée ! c'est insupportable.

ALTE-LA.

Qu'est-ce donc ?

ADAM.

Je parie que c'est votre petite espiègle qui fait encore tout ce bruit.

ALTE-LA.

Eh bien, que n'en font-ils autant qu'elle.

(*voix en dedans.*)

Sors d'ici, sors d'ici.

## SCENE IV.

Les précédens, CENDRILLON.

CENDRILLON, *elle entre en riant et tenant son soufflet.*

Ah ! ah ! ah ! ah ! les drôles de gens avec leur colère ! parce que j'ai fait fortune ils m'en veulent tous : ce n'est pourtant pas moi qui les ai empêchés d'avoir de l'esprit.

# COMEDIE

ADAM.
Vous l'entendez ; elle se moque encore de nous.

CENDRILLON.
Laissez donc, est-ce que je suis le public, moi ?

ADAM.
Non, mais vous n'êtes qu'une enfant.

CENDRILLON.
Eh bien, j'ai plus de tems devant moi.

ADAM.
Qui, chaque jour, nous coupez les vivres.

CENDRILLON.
On me les apporte.

ADAM.
Mais heureusement, vous n'irez pas loin.

CENDRILLON.
Je suis toute arrivée.

ALTE-LA.
Allons, allons, vieux papa, et vous jeune fille, point de méchanceté, point de cabale, nous ne sommes plus sur terre.

CENDRILLON.
Tiens, des cabales, des méchancetés, est-ce que je connais ça ?

Air : *Eh ! mais oui-dà.*

Moi, je suis bonne fille,
Je n'ai pas trop d'esprit ;
Mais on me dit gentille,
Et je crois ce qu'on dit.
Eh ! mais oui-dà,
Comment peut-on trouver du mal à ça.

Brunehaut marche à peine,
Je vois ses yeux plombés.
Je dis qu'elle se traîne
Comme les gens tombés.
Eh ! mais, &c.

Luc pour claquer son thême
Paye un essaim nombreux ;
Paul s'applaudit lui-même,
Et je dis qu'il fait mieux.
Eh ! mais, &c.

Enfin ce vieux bonhomme
Dort du matin au soir ;
Je lui dis qu'il fait comme
Tous ceux qui vont le voir.
Eh ! mais, &c.

#### ADAM.

Voilà pourtant ce qu'on dit de moi et de mes chers confrères ; cela n'est-il pas affreux ?

Air : *Vaudeville d'Arlequin afficheur.*

Parce qu'on baille à notre aspect
On nous déchire dans le monde,
Mille épigrammes sans respect
Sur nous viennent fondre à la ronde.

#### ALTE-LA.

Ecoutez donc papa....

Le monde n'est point à blâmer :
Un baillement épidémique,
N'est pas le moyen de fermer
La bouche à la critique.

#### ADAM.

Ah ! qu'il me tarde que la renommée vienne me faire justice de tous ces affronts.

#### CENDRILLON.

Vous la croyez donc bien changée ? [*bruit de trompette.*]

#### ALTE-LA.

Ma foi, je crois qu'elle vous a entendu, voilà sa porte qui s'ouvre et mon camarade Grifolin, son commissaire rapporteur. = Ohé ! ohé ! qu'on se tienne prêt là-dedans.

#### ADAM.

Le commissaire de la renommée doit avoir du goût, vous entendez cela, petite Cendrillon.

#### CENDRILLON.

Bah ! bah ! bah ! les jeunes filles sont du goût de tout le monde.

---

### SCENE V.

Les précédens, GRIFOLIN, *précédé par deux petits génies.*

#### ALTE-LA.

Seigneur génie, soyez le bien venu.

#### GRIFOLIN.

Bon jour, mon cher Alte-là.

#### ALTE-LB.

Qu'y a-t-il pour votre service ?

#### GRIFOLIN.

Ma foi, mon cher ami, c'est plutôt pour le tien : ma maitresse se propose de déblayer aujourd'hui les hospices qui avoisinent son temple ; elle m'a ordonné de les parcourir tous, et de lui faire un rapport sur les personnages qui aspirent à entrer chez elle, j'ai commencé ma tournée au lever du soleil, et je t'avoue que je suis excédé.

Air : *De la Bonaparte.*

Ah! grands Dieux !
Que de nains joyeux !
Quel étrange,
Et plaisant mélange !
Pour quelques talens reconnus,
Combien d'ignorans parvenus !
L'un prétend qu'on le renome
Pour la coupe d'un habit ;
L'autre se croit un grand homme,
Pour quatre chansons qu'il fit ;
Pour avoir
Montré certain soir,
Quelques lanternes,
Assez ternes,
De ces feux
L'auteur ténébreux
Se croit un esprit lumineux.
L'inventeur d'une coëffure
Tranche de l'ambitieux.
Jusqu'aux bottes sans couture
Qui veulent aller aux cieux.
Quel travers !
Dans tout l'univers
Si chaque sot prend cette allure
Il est clair
Qu'avant peu, mon cher,
Paris sera presqu'un désert.

ALTE-LA.

C'est possible.

GRIFOLIN.

Mais dans quel état est ton auberge ? as-tu bien du monde ?

ALTE-LA.

Que trop.

GRIFOLIN.

Et quelles gens ?

ALTE-LA.

Comme partout, marchandise mêlée, des femmes célèbres, des grisettes, des philosophes, des charlatans, des grands seigneurs, tels que *Jean de Paris*, *Jean de Calais*, et beaucoup de gens de rien.

GRIFOLIN.

Eh bien, qu'on me donne un siège.

CENDRILLON, *allant chercher un siège.*
Tout à l'heure.
GRIFOLIN.
Vous belle enfant?
CENDRILLON.
Oh! monsieur, je suis bonne à tout.
GRIFOLIN.
Trompette, à votre poste. (*à Alte-là*) toi, prends ta liste et appelle.
CENDRILLON, *à part.*
Et moi qui préfère le solide, je vais consulter le livre de recettes de notre caissier.

*Elle va s'asseoir dans un coin sur un petit escabeau, où elle parcourt un petit livret en comptant de l'argent.* (*La trompette sonne.*)
ADAM, *s'avançant.*
Me voici.
ALTE-LA.
Pas encore, (*il appelle*) La Reine Brunehaut.

---

### SCÈNE VI.

Les mêmes, BRUNEHAUT, appuyée sur le Chancelier.

(Pendant qu'elle sort l'orchestre joue les dernières mesures de l'air *Cahin, caha.*)
BRUNEHAUT.
» Soutiens-moi, Chancelier, on dit que je chancelle. »
CENDRILLON.
» Chancelez ou tombez, il vous sera fidèle. »
GRIFOLIN.
Grande reine, vous avez là un chancelier bien mûr.
BRUNEHAUT.
C'est vrai, monseigneur: il n'en est pas plus sage.

Air: *Avec vous sous le même toit.*

Pour moi son amour est fort grand,
Mais de mes loix il est l'organe;
Il me dénonce en m'adorant,
Puis à la mort il me condamne.
Puis quand ce serviteur benin.
A réduit sa reine cruelle
A n'avoir plus besoin de pain
Il en veut mendier pour elle.

## COMÉDIE.

###### GRIFOLIN.
Ah! le pauvre homme! Mais enfin quels sont vos titres pour être admise dans le temple de la renommée?

###### BRUNEHAUT.
Seigneur, les voici, écrivez et écoutez.

Air: *Traitant l'amour sans pitié.*

Paris, de mes faits guerriers,
A conservé la mémoire;
J'ai, pour aller à la gloire,
Essayé tous les sentiers.
J'ai mis mon époux en terre,
J'ai massacré mon beau-frère,
J'ai fait étrangler ma mère,
J'empoisonnai mes neveux...
Et, pour dernière merveille,
J'ai mis en pièces Corneille:
Que peut-on faire de mieux!

###### CENDRILLON, *sur son escabeau.*
Ah! ah! ah! C'est sans doute à cette dernière bataille que madame s'est fait arranger comme elle est.

###### BRUNEHAUT.
Hein! de quoi se mêle cette enfant? il sied bien à un pygmée qui n'a pas six mois de planches, de tourner en dérision ces fruits d'une honorable lutte. Sachez que les blessures de la scène, comme celles du champ d'honneur.....

###### GRIFOLIN.
Ah! doucement, madame, il y a un peu de différence.

###### ALTE-LA.
Oui, comme dit Sganarelle, il y a fagots et fagots.

###### GRIFOLIN.
Air: *Du partage de la richesse.*

Ces blessures, daignez m'en croire,
Ont des destins bien différents;
On sait au temple de mémoire
Fort bien juger ces accidents:
Pour les héros de la patrie,
C'est un billet de logement;
Pour les héros de comédie
C'est un billet d'enterrement.

###### BRUNEHAUT.
Au surplus, seigneur, je... si... car... mon chancelier vous dira le reste.

GRIFOLIN.

C'est dit, madame, mes notes sont prises. A un autre. (*La trompette sonne.*)

ADAM.

Me voici.

ALTE-LA.

Pas encore. L'assemblée de famille ?

---

## SCENE VII.

LES MÊMES, L'ASSEMBLÉE DE FAMILLE,

*Le tuteur entre, trainant un petit char dans lequel sont plusieurs personnages de l'assemblée de famille.*

LE TUTEUR.

Air : *Une petite fillette.*

La voici, cette famille
Qu'on voulut faire broncher :
Mais son cocher est un drille
Qui sut la faire marcher :
 Et haie et hue,
 Et haie et pousse,
Et haie et hue, v'là comme on arrive.
Le pas sans doute était glissant ;
Mais rien n'effraie un commençant.
 Un peu d'esprit,
 Beaucoup de bruit,
Et voilà comme on réussit.

GRIFOLIN.

Je vous en félicite ; mais il me semble que votre famille est représentée bien en petit aujourd'hui.

LE TUTEUR.

Pas plus que de coutume, monseigneur : c'est comme cela qu'on l'a faite, et vous ne l'avez jamais vue autrement.

Air : *une fille est un oiseau.*

Tout naquit petit chez nous :
Un oncle à petite vue,
Une petite ingénue,
Un petit amant bien doux.
Petits parents qu'on promène,
Petite intrigue sans gêne,
Jolis petits vers d'étrenne :
Aussi les observateurs
N'ont vu dans notre aventure
Rien de grand, je vous l'assure,
Que le talent des acteurs.

## COMEDIE.

GRIFOLIN.

N'importe, vous avez réussi.

LE TUTEUR.

Et dieu sait comme.

GRIFOLIN.

Oui, oui, vous êtes richement conduit dans cette affaire : on dit même que bientôt vous grandirez, mais en attendant passons à un autre. *(trompette.)*

ADAM.

Monseigneur, me voici.

ALTE-LA.

Mais mon dieu, pas encore. Très-haut et très-puissant seigneur Gérard de Nevers ?

---

### SCENE VIII.

Les mêmes, GÉRARD DE NEVERS.

*Il entre armé de toutes pièces, ayant un cor et un fouet en bandoulière ; il tient à la main une bannière, sur laquelle sont peints un cheval et un cerf.*

*L'orchestre joue un air de chasse, après quelques mesures, Gérard se campe fièrement devant Grifolin.*

GRIFOLIN.

Oh ! oh ! celui-ci se présente bien. Quels sont, chevalier, vos titres à la gloire ?

*Gérard fait des gestes sur l'air :* La beauté fait toujours voler à la victoire. *Il montre ses enseignes et son cœur, en exprimant son amour. (Sa principale pantomime doit rappeler tour à tour les principales scènes tant de chasse que de combat et d'équitation qui font le charme du spectacle qu'il représente.)*

GRIFOLIN, *après la pantomime de Gérad.*

Hein ! je ne vous entends pas : d'honneur je ne comprends pas ce manège.

ALTE-LA.

Il y a de bonnes raisons pour cela, monsieur s'est interdit la parole.

CENDRILLON, *toujours sur l'escabeau.*

Oui, monsieur est plus accoutumé à penser qu'à parler.

*(Gérard fait un geste qui exprime sa colère.)*

## L'AUBERGE DANS LES NUES,

ALTE-LA, *l'arrêtant.*

Là, là, là, ne vous fâchez pas, si vous le permettez, je vais traduire vos gestes à monseigneur.

(*Gérard fait un geste d'approbation.*)

ALTE-LA.

Air : *Jeune fille et jeune Garçon.*

Ce grand Gérard que vous voyez,
D'Ariodant parfait modèle
D'abord veut étrangler sa belle ;
Mais bientôt sa troupe fidelle,
Pour elle,
Fait feu des quatre pieds.
A ses tournois, ses fêtes,
Le goût toujours sourit ;
Aussi, ce qu'on chérit
Chez monsieur, c'est l'esprit
De ses bêtes.

(*Gérard le remercie avec reconnaissance.*)

GRIFOLIN.

Chevalier, cela prouve tout ce que vous valez, mais il suffit. (*à Alte-là*) N'est-ce pas le tour de cette petite fille? (*il montre Cendrillon.*)

ADAM, *s'avançant.*

Oui, monseigneur, me voici.

CENDRILLON, *se levant*

Laissez donc, c'est moi qu'on appelle. (*trompette*)

BRUNEHAUT.

Quoi seigneur, mettre une grande reine comme moi en concurrence avec ce petit serpent.

CENDRILLON.

Ah ! madame, ce n'est pas moi qui vous ai sifflée.

ADAM.

Avec une morveuse qui déjà se donne des airs...

CENDRILLON.

On n'en a pas dit autant de vous.

TOUS.

Non, non, nous ne le souffrirons pas.

CENDRILLON, *retournant à son escabeau.*

Eh bien ! je retourne à ma place, elle n'est pas si mauvaise.

GRIFOLIN.

Un moment, un moment, que lui reproche-t-on ?

## COMEDIE.

#### Tous.

Air : *Ah ! le bel oiseau maman.*

C'est un esprit trop mordant ;
 Point de grace,
  Qu'on la chasse :
Cette impertinente enfant
Met l'enfer au firmament.

#### Brunehaut.

A moi, reine Brunehaut,
M'oser dire, la maroufle,
Qu'aucun de mes vers ne vaut
Un cordon de sa pantoufle.

#### Cendrillon.

J'en fais juge la compagnie.

#### Tous.

« C'est un esprit, etc.

#### Adam.

Dans son délire imprudent,
Former le projet fantasque
De faire sauter Adam
Avec son tambour de basque.

#### Cendrillon.

Pourquoi pas ?

#### Tous.

« C'est un esprit, etc.

#### Le Tuteur.

Et me dire à moi, tout net :
Je puis culbuter d'emblée,
D'un seul coup de mon soufflet,
Votre famille assemblée.

#### Cendrillon.

Pardine, vous êtes si légers.

#### Tous.

« C'est un esprit, etc.

#### Brunehaut.

Enfin, seigneur, mon rang et ma santé ne me permettent pas d'attendre plus long-tems.

Air : *To, to carabo.*

J'ai, pour être introduite,
Mon nom, mes beaux habits,
 Et mes cris.

#### Le Tuteur.

Moi, pour aller plus vite,
N'ai-je pas mes amis
 Réunis !

### CENDRILLON.

To, to, carabo,
Ti, ti, carabi,
Compère guileri,
Moi, j'ai de l'or (*bis*.)
Qui vaut bien mieux encor.

### LE TUTEUR.

*Même air.*

On vante mon beau style.

### ADAM.

Et l'on vante bien plus
Mes vertus.

### BRUNEHAUT.

Croyez-vous si facile
De compter quarante ans
De talents !

### CENDRILLON.

To, to, carabo, ti, ti, carabi,
Comptez, mes bons amis,
Vous vos talents, vous vos vertus;
Je compte mes écus.

### TOUS.

C'est affreux,

GRIFOLIN, *allant à Cendrillon.*

Je vois ce que c'est, le brillant début de cette aimable enfant, a fait des envieux, mais ma petite que cela ne vous effraie pas.

CENDRILLON, *se levant.*

Oh ! monsieur, je n'en suis ni plus effrayée, ni plus fière.

Air : *Vaudeville de M. Guillaume.*

Je l'avouerai, mon début peut surprendre ;
Mais croyez bien qu'il ne m'aveugle pas,
Je sais trop à qui je dois rendre
Le succès de mes premiers pas.
Dans ce procès, jugé par le parterre,
Pour le gagner, j'eus, par bonheur,
Le souvenir des talens de ma mère
Et la voix de ma sœur.

### GRIFOLIN.

Je vous réponds mon enfant que vous en aurez bien d'autres, soyez toujours aussi aimable; vous, madame, daignez lui témoigner un peu plus de bienveillance.

Air: *Vous éprouverez les bontés.*

La France en vous depuis long-tems
Voit l'honneur de sa tragédie,
Laissez éclore des talens
déjà distingués par Thalie.
Que son âge soit respecté,
Montrez nous par votre alliance
Les fruits de la maturité
Unis aux fleurs de l'espérance.

ADAM.

Mais, monseigneur, il n'est donc pas possible que vous vous occupiez de moi ?

GRIFOLIN.

Comme vous dites, père Adam, le destin n'empiète pas sur la nature ; vous avez triché votre fils en montant ici avant lui, il faut donc que vous attendiez..... (*on entend agiter des papiers.*) Mais quel bruit se fait entendre ?

UN COURRIER aërien.

[*Il traverse les airs, en criant :*] Journal de la terre !.. Nouvelles intéressantes, curieuses et remarquables.

## SCENE IX.

Les mêmes, LE COURIER.

ALTE-LA.

Ah ! ah ! du nouveau, holà ! hé ! camarade, ici, ici.

LE COURIER.

Messieurs, je vous salue.

ALTE-LA.

Où cours-tu donc si vîte aujourd'hui ?

LE COURIER.

Egayer les sphères célestes ; vous savez bien que ce n'est plus que dans les nues que l'on rit des folies d'en bas.

ALTE-LA.

Tu apportes donc du bien neuf ?

LE COURIER.

Ah ! je vous en réponds.

Air : *Dans la vigne à Claudine.*

Vraiment, messieurs, mesdames,
Là-bas tout est changé ;
On fuit les mélodrames,
Jocrisse a son congé.
La moindre pièce est bonne ;
L'Odéon est au pair.

## L'AUBERGE DANS LES NUES,

ALTE-LA.

On voit bien qu'il nous donne
Des nouvelles en l'air.

LE COURIER.

Entendez le reste.

*Même air.*

Un grand hymen enchaîne
Vingt peuples réunis ;
Aussi l'on chante à Vienne
Comme on chante à Paris.
Le cœur, dans cette affaire,
Fait les frais du concert.

CENDRILLON.

Ce ne sont plus, j'espère,
Des nouvelles en l'air.

ALTE-LA.

Mais donne nous vîte cette feuille... (*il lit.*) Etablissement des Jeux Gymniques.

TOUS.

Qu'est-ce que c'est donc que ça ?

LE COURIER.

Ma foi, c'est ce que tout le monde se demande et ce que personne ne devine.

Air : *Toujours de trinquer avec nous.*

Dans ces Jeux si gais, Androclès
Soupire, baille et pleure ;
Un an entier de Périclès
Y passe en un quart-d'heure.
Le déluge doit
S'y rendre, et l'on croit
D'avance à ses menaces.
Car on a vu là
Le soleil déjà
Se fondre avec les glaces.

ALTE-LA, *lisant.*

Mais que vois-je ? mort prochaine et infaillible de Claude, Benigne, Inocent, Abel, personnage éminemment poétique, épique, lyrique, tragique et même pastoral.

ADAM.

Quoi ! mon fils va mourir ?

ALTE-LA.

Dans la minute.

ADAM.

Ah ! quel bonheur, ça va me rendre la vie.

GRIFOLIN.

Ne vous y fiez pas ; mais il n'importe, je cours moi

# COMÉDIE.

même porter cette nouvelle à la renommée, et lui remettre, messieurs, les notes qui vous concernent. Il est probable qu'Abel sera jugé avec vous tous, ainsi Alte-là fait ta besogne accoutumée et tâche, s'il est possible, d'élever jusqu'ici ce nouveau personnage.

ALTE-LA.

Bah ! j'en ai enlevé de bien plus lourds.

LE COURIER.

Eh bien ! courage, je vais continuer ma route. [*il sort et Grifolin entre dans le temple par la porte du sommet de la montagne*]

## SCÈNE X.

Les précédens, excepté GRIFOLIN et LE COURIER.

ALTE-LA.

Allons, mes amis, au travail : qu'on fasse avancer la grue céleste, graissez les rouages, apportez les cables du plus gros calibre ; il s'agit d'un poème lyrique, ce n'est pas une plaisanterie.

ADAM.

Comment, vous-allez employer la grue ?

ALTE-LA.

Pourquoi non ?

ADAM.

Air : *Vaudeville du printems.*
Mais, pour un œuvre de génie,
Ce moyen me semble un peu bas.

ALTE-LA.

Tranquilisez-vous, je vous prie,
Cet instrument n'avilit pas.
Cette machine bien connue
Vingt fois nous a servi déjà ;
Ce n'est pas la première grue
Qui fait monter un opéra.

ADAM.

Tiens, c'est vrai, j'avais oublié le service qu'elle m'a rendu.

CENDRILLON.

Mais seigneur génie, écoutez donc.
(*En montrant Gérard de Nevers.*)

Air : *De Doche.*
Songez à monsieur que voilà,
Vous connaissez son industrie ;
Puisqu'il s'agit d'un opéra,
Employons sa cavalerie.

## L'AUBERGE DANS LES NUES,

ALTE-LA.
Eh! non, laissons-là, s'il vous plaît,
Ailleurs étaler ses prouesses;
On n'a déjà que trop de pièces
Qui ne marchent qu'à coup de fouet.

*Pendant ce couplet, les garçons de l'auberge ont placé la grue céleste devant une trape qui est ouverte vers le milieu du théâtre.*

CENDRILLON, *allant à la grue.*
Eh bien! à l'ouvrage, que chacun donne son coup de main.

ALTE-LA.
C'est cela. Vous autres garçons, préparez des raffraichissemens pour les travailleurs.

BRUNEHAUT.
A d'autres, je n'en suis pas.

LE TUTEUR.
Ni moi, qu'Abel monte tout seul, s'il veut.

BRUNEHAUT.
On ne gagne rien à travailler au succès d'un rival.

CENDRILLON.
Ah! madame, ah! messieurs, pouvons-nous oublier ce qu'on a fait pour nous?

Air: *Sans un petit brin d'amour.*

Sans le petit coup de main,
Point de succès, rien de certain;
C'est le petit coup de main
Qui sait tout mettre en train.
A l'opéra, voyez notre Hypomène;
Puis au péron voyez Frontin;
Grâce aux claqueurs, l'un encore se traîne;
L'autre en pillant fait son chemin.
Sans le petit coup de main,
Que deviendrait le genre humain?
Sans le petit coup de main,
Qui ferait son chemin?

Et je donne l'exemple. (*Elle prend la corde de la grue et travaille avec zèle.*)

ADAM.
Charmante enfant! elle a du bon. (*il l'embrasse.*) Moi je suis trop vieux pour vous aider de mes forces, mais placé sur cette hauteur, je vais diriger la manœuvre; vite ma lorgnette.

# COMÉDIE.

TOUS.

Eh bien! qu'y a-t-il à faire?

ADAM.

Air : *Vaudeville de la Veillée.*

Afin qu'ici tout s'accorde
Pour ce grand évènement ;
Filez d'abord cette corde,
Mais filez-la doucement.
Ici l'adresse est utile,
La montée est difficile ;
Pour être au-dessus de tous,
Il faut que l'on file, file, file ;
Il faut que l'on file doux.

ALTE-LA, *jetant la corde.*

Gare là-bas! gare!

ADAM, *regardant.*

Ah! les beaux apprêts que l'on fait pour mon fils... ah! coquin! coquin! au voleur! au voleur!

ALTE-LA.

Que dites-vous donc?

ADAM.

Comment, ce que je dis?

Air : *Du curé de Pomponne.*

Il prend mes gazons et mes fleurs.

ALTE-LA.

C'est par pure tendresse.

ADAM.

Il prend mes diables et mes chœurs.

LE TUTEUR.

C'est par délicatesse.

ADAM.

Mais il prend ma peau de mouton.

BRUNEHAUT.

Ça, c'est par modestie.

ADAM.

Jusques à ma décoration.

CENDRILLON.

C'est par économie.

ADAM.

Air : *V. Du Jaloux malade.*

Ah! ciel, je crois qu'il me menace
De me voler ma gloire aussi ;
D'un berger est-ce donc la place?

CENDRILLON.

A quoi bon prendre un tel souci;
Qu'importe son char de victoire;
Dieux, diables, bergers ou héros,
Au théâtre on sait qu'une gloire
Est une selle à tous chevaux.

ADAM.

Tirez donc, voilà que ça commence.

ALTE-LA.

Je crois que quelque chose nous accroche.

ADAM.

Quoi déjà?

ALTE-LA.

Tirez toujours. (*Une perruque paraît suspendue à la corde.*)

TOUS, *riant.*

Ah! ah! ah! c'est une perruque.

ADAM.

Quoi! mon fils en perruque, il a donc perdu la tête?

ALTE-LA.

Air: *Vaudeville de l'Avare.*

C'est en effet une folie
Que de paraître ainsi peigné;
A-t-on vu jamais de la vie
Un Abel ainsi bichonné!

(*Regardant par le trou.*)

Ah! mon dieu, comme on le reluque;
Il ne s'en est fallu, morbleu,
Que de l'épaisseur d'un cheveu
Qu'on ait sifflé cette perruque.

CENDRILLON.

Renvoyons la bien vite au magasin et continuons.

CŒUR.

Air: *Eh! sonor le Doctor.*

Ah! vraiment c'est un charme,
Ceci monte à ravir.

ALTE-LA.

Plus de bruit, de vacarme.

CENDRILLON.

On n'a que du plaisir.

ADAM.

Et bon, bon, bon,
Enlevez-le donc.

CHŒUR.

Et bon, bon, bon,
Enlevons-le donc.

# COMÉDIE.

ADAM.
La joie est dans la salle,
L'ivresse est générale;
Je n'entends que *bravo*.

CHŒUR.
Quel est donc ce morceau
Si brillant, si beau,
Si frais, si nouveau ?

ADAM.
Ah ! c'est le duo !

CHŒUR. } bis.
Vive le duo !

*Un transparent sur lequel est écrit* : Duo du premier acte, *parait au bout de la corde.*

ALTE-LA.
Et voilà avec lui le premier acte enlevé.

UN GARÇON DE CAFÉ.
» Orgeat, limonade, des glaces.

UN LIBRAIRE.
» La mort d'Abel, poëme, en 3 actes.

LE GARÇON.
» Qui veut des glaces ?

BRUNEHAUT, *quittant la corde.*
Ah ! respirons un peu.

ALTE-LA.
Non, madame, on ne respire pas à l'opéra, toujours du plaisir.

ADAM.
Dépêchez-vous donc.

Air : *V. des deux Chasseurs.*

Je viens de voir s'ouvrir la terre ;
Mes amis, ne plaisantons pas,
Lâchez la corde toute entière.

ALTE-LA.
Peste ! cet acte est donc bien bas.

ADAM.
Je vois des marteaux effroyables ;
Je vois une enclume et du fer ;
Je vois tous les feux de l'enfer.

ALTE-LA.
Cet acte est donc à tous les diables.

ADAM.
Eh bien ! aidons le troisième, tiens-toi bien cadet.

LE GARÇON DU CAFÉ.
» Orgeat, limonade, des glaces, des diablotins.

## L'AUBERGE DANS LES NUES,

ALTE-LA.

Va te promener, on n'en veut plus.

ADAM.

Paix, mes amis, paix, je vois mon fils Caïn qui cherche à s'endormir.

CENDRILLON, *bas.*

Bah! est-ce qu'il est au parterre.

ADAM.

Non, mais il se couche.

. . . . . . . « Son ame sans fierté,
» N'a plus qu'un sentiment, l'insensibilité.

Air : *De Delia et Verdikan.*

Une touchante et tendre mélodie
Vient lui verser l'oubli de tous ses maux;
Et sur son ame, avec art réfroidie,
Produit l'effet des plus puissants pavots.
Jamais sur un air si tendre
Il ne s'était endormi :
Ah! si vous pouviez l'entendre,
Vous dormiriez comme lui.

TOUS.

Oui, si nous pouvions l'entendre,
Nous dormirions comme lui.

ADAM.

Alerte, alerte, mes amis, voici le grand moment.

BRUNEHAUT.

Oui, le dénouement, mais je n'en peux plus.

CENDRILLON.

C'est vrai, ce n'est pas là votre fort.

ADAM.

Mais, mon dieu, il ne faut plus qu'un coup de collier, la massue, Abel, Caïn, le diable, ma femme, tout est là.

TOUS.

Eh bien! dépêchons.

ADAM.

Air : *Ça n'se peut pas.*

Mes deux enfans sont en présence,
Admirez ce noble tableau !
Abel respire l'innocence,
Caïn ne fut jamais plus beau.
Quelle fureur sublime et prompte;
Ma foi, l'ouvrage est entraîné;
Et voilà le cadet qui monte,
Grâce à l'aîné. (*bis*.)

TOUS.

Oui, le voilà! oui, le voilà! oui, le voilà!

ABEL, *paraissant.*

Oui, messieurs, me voici.

## SCENE XI.

Les mêmes, ABEL.

ADAM, *allant à lui et l'embrassant.*

Ah! mon cher fils.

ABEL.

Mon cher papa.

CENDRILLON.

Monsieur Adam, recevez nos félicitations, vous avez là un garçon d'une belle venue. (*On enlève la grue.*)

ABEL.

Ah! mademoiselle, quand on vit d'amitié, d'amour, de tendresse et de plein chant, on se porte toujours à merveille.

ADAM.

Petit libertin, c'est donc là ce qui t'a retardé si long tems.

ABEL.

Pas tout à fait papa, mais à vous dire vrai, j'avais peur de ma mort, moi.

ADAM.

Pourquoi donc?

ABEL.

Ah! dame, il y en a tant qui ne sont pas heureuses.

Air : *de Calpigi.*

La mort d'Hector et d'Henri quatre
Auraient dû vieillir au théâtre;
La mort d'Adam et de Bayard
Méritaient aussi quelqu'égard.
Mais depuis un tems, le parterre
Aux pauvres défunts fait la guerre;
Malgré cent claqueurs des plus forts,
J'ai vu mourir toutes ces morts.

ADAM.

Bah! bah! la renommée va nous venger de tout cela.

ABEL.

La renommée, papa, est-ce qu'elle nous connait?

ADAM.

Ni l'un ni l'autre, mais c'est égal.

ABEL.

Mais papa, est-ce qu'un pastoureau comme moi, qui

vit au jour le jour, osera paraître devant cette belle dame ?

ADAM.

Pourquoi pas ?

Air: *Ce boudoir est mon parnasse.*
Tes œuvres te font connaître.

ABEL.
Oui, j'ai fait plus d'un panier.

LE TUTEUR.
Vous parlez français, peut-être.

ABEL.
Pas mal, pour un journalier.

CENDRILLON.
Tu sais dire des sentences.

ABEL.
Oui, je sais quelques chansons.

BRUNEHAUT.
Et garder les bienséances.

ABEL.
Je sais garder les moutons.

CENDRILLON, *riant.*

Ah ! ah ! ah ! il ne vous entend pas, venez ça, grand jeune homme que je vous fasse dire votre leçon, voyons monsieur, que vous a-t-on appris ?

ABEL.

Air: *Nous nous marierons dimanche.*
Las ! on ne m'apprit
Qu'un seul mot d'esprit ;
Et ce joli mot, c'est : j't'aime.

CENDRILLON.
Il n'est pas mal ce mot là.

ABEL.
Sans rime ou raison,
Qu'on m'insulte ou nom,
Je réponds à tout : je t'aime.

CENDRILLON.
Encore ?

ABEL.
Même à Caïn,
J'ai ce matin
Dit : j't'aime.

CENDRILLON.
Oui-dà.

ABEL.
Tu me fais mal,
Mais c'est égal,
Je t'aime.

# COMEDIE.

CENDRILLON.

Toujours !

ABEL.
Je l'aimais si fort,
Que même étant mort,
Je chantais encor
Je t'aime.

CENDRILLON.
Eh bien ! mon ami, la renommée vous adorera, hâtons-nous de l'invoquer.

BRUNEHAUT.
Oui, sur le champ.

CŒUR.

Air : *Dieu des bons tours.* (Pages.)

Entends nos vœux, déité suprême !
Ouvre ton temple et proclame ta loi ;
Nous savons bien nous vanter nous-même,
Mais l'univers n'en veut croire que toi.

BRUNEHAUT.
Dis aux mortels ma sublime éloquence.

LE TUTEUR.
Dis-leur mes vers.

ADAM.
Et mon chant érudit.

CENDRILLON.
Et si tu dis tout le bien qu'on en pense,
O déité ! tout sera bientôt dit.

CHŒUR.
Entends nos vœux, etc.

---

## SCENE XII et dernière.

*Les précédens*, GRIFOLIN, *précédé par ses deux trompettes qui font retentir l'air.*

GRIFOLIN, *sur la montagne.*

Vous êtes exaucés, la renommée a prononcé, et chacun de vous va se trouver à sa place

Destins accomplissez-vous !

( *Grande fanfare.* )

(*Ici tous les nuages disparaissent.*)

(*Le théâtre change et représente une rue de Paris. A droite on voit une maison sur la porte de laquelle est écrit :* Bureau des voitures pour l'Allemage. *En face est la* façade du *Théâtre Français*; dans le fond la montagne est conservée.

ALTE-LA, *effrayé au milieu du théâtre.*

Eh bien ! eh bien ! que signifie tout ce boulversement ? où donc est mon auberge ? Comment nous voici dans une rue de Paris. (*Il lit les inscriptions qui sont sur les portes.*) Théâtre Français! —Bureau des voitures pour l'Allemagne.

ADAM.

Qu'est-ce que tout cela veut dire ?

GRIFOLIN, *descendu.*

Cela veut dire père Adam, que vous allez trouver là une voiture pour retourner sur le théâtre de Vienne, d'où vous êtes venu.

ADAM.

Bah ! et mon fils Abel ?

GRIFOLIN.

N'en soyez pas en peine, le théâtre Français me charge de le ramener dans son sein, qu'il n'aurait jamais dû quitter.

Air: *Malgré mes soixante ans qu'on blâme.*

(à *Abel.*) C'est là que commença ta gloire,
    Et c'est là que tu dois rester ;
Crois-moi, ta seconde victoire
Fut trop facile à remporter.
Le moyen, sur une autre scène,
Qu'Abel put être maltraité ;
Il avait pris chez Melpomène
Un brévet d'immortalité.

BRUNEHAUT.

Et nous seigneur ?

GRIFOLIN.

La renommée vous a déjà inscrits, mais pour le moment cette jeune fille occupe seule son attention.

Air: *Oh! oh! oh! ah! ah! ah!*

Viens, Cendrillon, ne tarde pas,
  Mais garde-toi de croire
Que ce temple où tu suis mes pas
  Soit celui de la gloire.
Pour rien, souvent on entre là ;
Pour rien, plus d'un dégringola,
    De là.

TOUS.

Oh! oh! ah! ah! ah!
Qui jamais aurait cru cela!
    La, la la.

## COMÉDIE.

CENDRILLON.
Entrons, seigneur, c'est toujours ça.

ALTE-LA.
Mes amis, voulez-vous que je vous donne un bon conseil ?

TOUS.
Oui, seigneur génie.

ALTE-LA.
C'est de vous consoler.

---

## VAUDEVILLE.

*Air nouveau.*

Votre accident est trop commun
Pour en éprouver quelque honte ;
Le vent souffle-t-il pour quelqu'un,
  Ah ! comme il monte.
Mais sur ce théâtre glissant
Paraît-il une autre merveille,
Voyez mon héros de la veille,
  Comme il descend.

ABEL.

Figeac fait le riche à Paris,
Mais sa fortune n'est qu'un conte ;
Le soir, pour gagner son taudis,
  Ah ! comme il monte.
Qu'un billet tant soit peu pressant,
Par bonheur, à dîner l'invite ;
Pour se rendre à l'heure prescrite,
  Comme il descend.

ADAM.

Où sont les rochers, les remparts,
Que le soldat français n'affronte !
Pour y planter ses étendards,
  Ah ! comme il monte !
En vain sur son roc menaçant
L'ennemi veut parler en maître ;
Une aigle vient-elle à paraître,
  Comme il descend.

GRIFOLIN.
Allons, viens, Cendrillon.

## 52 L'AUBERGE DANS LES NUES, COM.

CENDRILLON

Permettez-moi seulement de dire encore un mot au public, s'il veut bien m'entendre.

*(Au public.)*

Quand un œuvre obtient votre appui,
Combien sa réussite est prompte;
L'auteur, tout enchanté de lui,
Dit: comme il monte.
Mais voici le fatal moment
Où souvent l'ouvrage chavire;
Messieurs, ne nous faites pas dire:
Comme il descend.

FIN.

De l'Imprimerie de P. NOUHAUD, rue du Petit-Carreau, N.° 32.

www.ingramcontent.com/pod-product-compliance
Lightning Source LLC
Chambersburg PA
CBHW060520050426
42451CB00009B/1086